Anton Richter

Der Verfasser Georg Haas, Schulamtsdirektor a. D., ist kurz vor der Herausgabe des Buches im Februar 1980 verstorben. Er war mit Anton Richter seit der ersten Begegnung im Jahre 1946 bis zu dessen Tod eng befreundet. Die Verbindung mit der Familie des Malers blieb weiterhin bestehen.

Copyright 1980
Oberfränkische Verlagsanstalt und Druckerei GmbH, 8670 Hof (Saale)
Alle Rechte vorbehalten
Printed in Germany – Imprimè en Allemagne
ISBN 3-921615-35-6

Die Aufnahmen der Gemälde und Zeichnungen
wurden von Herrn Rudolf Stelzig, Schwarzenbach (Saale) gemacht.

Georg Haas

ANTON RICHTER

*Ein Maler
aus dem Fichtelgebirge*

Erinnerungen an einen Freund

1980

*Oberfränkische Verlagsanstalt
und Druckerei GmbH*

Anton Richter und seine Zeit

Als Anton Richter am 31. Dezember 1900 in Schwarzenbach a. d. Saale geboren wurde, hatten Begebenheiten und Ereignisse im Leben der Menschen seiner Heimat noch größere Bedeutung als heute: Geburt, Heirat, Sterben wußte man an vielfältigere Sitten und Bräuche gebunden; Glück und Unglück, Freude und Leid griffen nachhaltiger in den Alltag ein.
Das Leben in seiner Geburtsstadt war geruhsam, einfach und überschaubar. Vorwiegend Handwerker, Bauern und Geschäftsleute belebten die Straßen. Die Mehrzahl der Häuser lag an oder in der Nähe der Saale: Kirche, Schloß und altes Rathaus bildeten noch den Mittelpunkt des Städtchens. Doch waren bereits durch Industriebetriebe Zeichen für die spätere Entwicklung der Stadt gesetzt.
Die Färberstraße, Richters Geburts-, Spiel- und spätere Arbeitswelt, war noch ein Stück altes Schwarzenbach. Heute sind die jahrhundertealten Färbereien nicht mehr, die Mühle an der Saale trägt nur noch ihren Namen, von den ehemaligen Handwerksstätten – der Wagnerei, Schlosserei, Gerberei – sind kaum noch Spuren zu finden. Geblieben bis zu Richters Tode und bis heute ist nur das enge Gassengewinkel, wo er heranwuchs und wirkte.
Der gesellschaftliche Wandel und die dadurch bedingten baulichen Veränderungen waren wesentlicher Gegenstand seiner Beobachtungen und Kritik. Er verehrte die Zeugen der Vergangenheit. Vor allem hier in Schwarzenbach, in seiner Färberstraße und im nahen Fichtelgebirge erlebte er seine Welt, „lernte er sie tiefgründig kennen" und erfuhr sie in ihrer Vielfalt in Natur, Geist, Kultur, in ihrem Werden und Vergehen.
Anton Richter, dem Suchenden, Schauenden, Fragenden ist dabei der Schutz und die Pflege der Kulturdenkmäler, die Bewahrung einer historisch gewachsenen, von Menschen in vielfältiger Weise gestalteten Umwelt zur Verpflichtung geworden. So hat er in

Die Färberstraße in Schwarzenbach mit Richters Geburts- und Wohnhaus (Kohle 1948)

vielen seiner Bilder und Skizzen durch ein Festhalten des Althergebrachten gleichsam gegen die Unbekümmertheit und Gleichgültigkeit der vom Druck materieller Interessen mehr und mehr beherrschten Menschen angehen wollen, um zu verhindern, daß dem Menschen seine Vergangenheit und er damit sich selbst fremd wird.

In vielen seiner Bilder werden jene alten emotionellen Beziehungen des ostoberfränkischen Menschen zu seinem Boden und seiner Umwelt zum Ausdruck gebracht.

Richters Bilder existieren nicht außerhalb der Zeit. Es bleibt an ihnen viel nachzuentdecken. Seine Kunst stellt – wie alle Kunst – stets neue Fragen, verlangt wie alles Kunstschaffen nach Interpretation.

Heimkehr von der Feldarbeit (Pastelltempera 1950)

Der Maler Anton Richter

Geboren als Sohn eines Bauernleinen-Färbers hat er schon als kleiner Junge in der Werkstatt seines Vaters den besonderen Reiz und die Schönheit von Farben, Farbmischungen und Farbgesetzen erfahren. Als Helfer in der Landwirtschaft seines Onkels – einem Kleingütler – lernt er bereits als Kind die robuste und harte Arbeit des Fichtelgebirgsbauern und dessen derbe, aber auch gutmütige, gläubige aber auch leicht erregbare Wesensart kennen.
Hier werden jene starken, unzerreißbaren Fäden gesponnen, die bei seinem späteren Tun und Schaffen immer mitlaufen und sein Herz fest an bäuerliche Menschen, an die Dorfwelt, an Pferd und Kuh, an die Landschaft seiner Heimat binden.
Was Ludwig Thoma in seiner heiteren Sommergeschichte „Altaich" zum Entwicklungsgang des Müllerbuben Konrad zum Künstler aussagt, läßt sich auf Anton Richter übertragen:
„Freilich, das bringen auch Gescheitere nicht heraus, was einem fünfzehnjährigen Buben die Gewißheit gibt, daß er ein Künstler werden müsse. Es sind Geißhirten jahrelang auf den Almen herumgelegen, haben in den Himmel hineingeschaut und sich aus der blauen Luft eine Sehnsucht geholt, die sie hinunter in die Städte trieb und zu großen Künstlern werden ließ. Wer aufmerksam dieses Wachstum betrachtet, wird verstehen, daß auch hier ein ins Ungefähr getragener Same in Licht und Luft besser aufgeht als einer, der künstlich in der Enge gepflanzt wird. Selten wird aus einem Knäblein der Reichen, das man in Kunsterlebnissen aufzieht, was Rechtes; immer wieder läuft dem Herrlein ein barfüßiger Bauernbub den Rang ab; einer, der in Regen und Sonnenschein aufgewachsen ist und mit geschärften Sinnen Farben und Formen aufgenommen hat."
Aus handwerklichem Stand geboren soll er Handwerker bleiben und wird Lehrling bei einem Feinbäcker. Aber er kann und will nichts anderes werden als Maler. Auch nach den Lehrjahren als

Konditor – jetzt in der elterlichen Färberei tätig – kommt er vom Malen nicht los. Der bisherige Autodidakt bildet sich als Zwanzigjähriger im Rahmen eines Fernmalkurses weiter. Mit 38 Jahren hat er seinen ersten großen Erfolg! Anton Richter erhält den Albrecht-Dürer-Preis. Das Stipendium der Albrecht-Dürer-Stiftung, Nürnberg, ermöglicht ihm den Besuch der Akademie der bildenden Künste in München (1939 bis 1941 bei Schinnerer). Während der anschließenden Kriegsdienstzeit (1942 bis 1946) in Albanien, Montenegro, Jugoslawien und Kärnten hält er seine Eindrücke in ungezählten Bildern und Skizzen fest, und in Schleswig-Holstein entstehen während seiner Kriegsgefangenschaft seine ersten Schiffs- und Küstengemälde.

Nach seiner Heimkehr 1946 bis zu seinem Tode arbeitet er freischaffend in seiner Vaterstadt. Seit 1950 stellt er als Mitglied der neuen Münchner Künstlergenossenschaft im Haus der Kunst aus, ebenso im Fränkischen Künstlerbund und der Freien Gruppe Bayreuth sowie in den Hofer und Marktredwitzer Kunstausstellungen.

Richter hat sich im Alt-Schwarzenbacher Gewinkel, im Gemäuer seines Elternhauses, der früheren Färberei an der Saale, ein Arbeits- und Wohnmilieu geschaffen, das an den „Nest-Sinn" Jean Pauls erinnert. Ist er doch mit dem Dichter verwandt: Der Urgroßvater des Dichters, der um 1660 in Schwarzenbach a. d. Saale geborene Schwarz- und Schönfärber Johann Richter, ist personengleich mit dem Viermalurgroßvater unseres Künstlers. Als schaffenden Nachverwandten des Dichters ehrte die Jean-Paul-Gesellschaft Bayreuth im Jahre 1958 Anton mit der Jean-Paul-Medaille.

Anton Richter ist ein Maler, der vor allem seine Umgebung, sein Schwarzenbach, sein Fichtelgebirge in den Mittelpunkt seines Schaffens stellt, dennoch nicht in regionalen Eigenheiten steckenbleibt, sondern seine Menschen zu realsymbolischen Gestalten, seine Fichtelgebirgslandschaften zu Impressionen werden läßt. Die Redensarten von Schönheit der Natur, von „Liebe zur Natur" machen ihn verlegen. Er ist ihr so nahe und in ihr so eingewoben, daß er Mensch und Natur eins in seinen Bildern werden läßt. Seine Naturschilderungen mit „Pinsel und Stift" sind kein Rückzug aus der Zvilisation, sondern atmosphärische Erlebnisse, geläuterte Erscheinungen elementarer Natur. Er will nicht die realistische Wiedergabe von Häusern, Dörfern, Gassenwinkeln, von Menschen und Tieren, sondern zeigt uns einen Blick für kunstvolle Kompositionen und für die geistige Umsetzung unserer Umwelt. In seiner Maltechnik beherrscht er meisterlich das Pastell mit einer besonderen Technik auf Tempera-Untergrund. Der Hauptmeister der deutschen Pastellmalerei Raphael Mengs (1728–1779), hätte wahrscheinlich Richters Pastellbilder mit Respekt betrachtet. Anton Richter liebt die lichte Farbigkeit, aber auch das Dunkle, Drohende und vermag mit den weichen Stiften und durch Verreiben mit den Fingern, feinste Farbübergänge zu schaffen. Seine Pastellstifte stellt er sich selbst her. Einer Farbpulverpaste setzt er wasserlösliche Bindemittel hinzu, preßt sie in Stiftform und trocknet sie. So kann er seine gewünschten Mischtöne und Helligkeitsabstufungen, vor allem die Dunkelstufen mit Schwarzpigmenten, bekommen.

Richters Pastellbilder mit den großartigen Farbbrechungen ragen aus seinem Kunstschaffen heraus.

Besonderer Würdigung bedürfen seine umfangreichen Kohlezeichnungen. Wild und verwegen führt er seine Striche und bannt die Herbheit unserer Landschaft auf Papier – unserer Landschaft mit ihren dunklen Wäldern, dem Dorf hinter windgeschützten Höhen mit schiefergedeckten fränkischen Häusern, den vergessenen Winkeln seiner Heimatstadt. Mit Kohlestift kann er sich künstlerisch so recht befreien. Die kräftigen Zeichnungen sind ein wertvoller Teil seines Kunstschaffens. Aquarelle, Ölgemälde, Federzeichnungen, Linolschnitte ergänzen sein Werk und zeugen von seiner ungewöhnlichen Schaffenskraft.

Stellen wir ein Bild aus Anton Richters Schaffen vor: „Fichtelgebirgsfrauen bei der Kartoffelernte" – kein verklärter Herbsttag, keine mildbesonnte Flur, keine fruchtgesegneten Gärten mit leuchtenden Äpfeln! Es ist mehr ein hintergründig versponnenes, metaphorisch verschlüsseltes Bild – trotz realer Situationen. Der Maler ist, wie bereits erwähnt, von seiner oberfränkisch kleinbürgerlichen Umwelt geprägt. Er weiß um die Mühen des bäuerlichen Lebens, kennt die Härte der Arbeit mit dem kargen Boden. Auf dem Bild fehlt deshalb der warme und farbenfrohe Erntetag, die Freude über den Segen des Herbstes. Die erntenden Frauen sind warm gekleidet; sie fürchten den kalten böhmischen Wind: Jedoch nur ein mit Früchten des Feldes gefüllter Keller bedeutet für sie Überleben – denn aufsteigende Wolken setzen bereits erste Zeichen des nahenden Winters.

Fichtelgebirgsfrauen bei der Ernte (Pastelltempera 1954)

Begegnung mit Anton Richter

Zum ersten Mal begegnete ich ihm in Fattigau am Zenkel'schen Steinbruch, wenige Jahre nach Ende des 2. Weltkrieges.
Unbewegt stand er auf einem Felsblock und schaute über das Saaletal in Richtung Haidecker Wald. Es war an einem späten Herbsttag.
Da bückte er sich plötzlich zu seinem hinter ihm liegenden Fahrrad, zog Papier und Stift aus seiner Tasche, einem Brotbeutel, und brachte in heftigen Bewegungen etwas zu Papier. Langsam näherte ich mich ihm und grüßte. Ohne sich umzusehen und meinen Gruß zu erwidern, fragte er kurz: „Wer bist du denn?" Ich stellte mich als Lehrer von Fattigau vor. Sein nächster Satz: „Weißt du wie schön Fattigau ist?" – Unbeirrt arbeitete er an seiner Skizze weiter. Wie besessen zog er Strich um Strich mit ungewöhnlich sicherer Hand bis – unter dem Druck einer kräftigen Linienführung – sein Kohlestift brach. Ohne ein Wort dazu zu sagen, reichte er mir den Stift, holte aus seiner Tasche Ersatz und weiter schabte es auf dem Papier. Ich spitzte den Stift mit meinem Taschenmesser und reichte ihn zurück. Jetzt unterbrach er seine Arbeit, drehte sich zu mir, lächelte mich an, gab mir die Hand und sagte: „Du gefällst mir." –
Zum ersten Mal spürte ich seine feste Hand, zum ersten Mal sah ich sein wettergegerbtes, grobes und doch so sensibles Gesicht: Kein alltäglicher Maler, ein begnadeter Mensch.
Meiner Einladung zu einer Tasse Kaffee, unten im Schulhaus, folgte er gern. Es war unser erstes Beisammensein. Das Tor war aufgetan zu einer Freundschaft, aus der glückliches Vertrauen wuchs, zu der jeder seinen Teil beitrug. Anton Richter kehrte von diesem Tag ab oft und gern im Landschulhaus in Fattigau ein. –
Er liebte nicht die lange Rede, nicht pastorale Lobpreisungen, nicht Satzkonstruktionen mit intellektuellen Formulierungen. Bissig, ironisch, rauh, saugrob, sehr schnell und treffend reagierte er,

Fichtelgebirgsdorf (Kohle 1950)

wenn jemand versuchte in heuchlerischer, großsprecherischer und angeberischer Weise zu argumentieren. Er liebte die einfache, offene Sprache, das kleine Gespräch. Oft waren es auch nur wenige Sätze, die er zu einem Gesprächsthema beitrug, diese aber klar, treffend und aussagekräftig. Offen und ungeschminkt, sagte er in jeder Situation seine Meinung.

In der Zeit nach dem Kriege, als das Geld wieder Wert bekommen hatte, wo das „liebe Geld" vor allem für Essen und Trinken und auch für Vergnügungen ausgegeben wurde, war die Kunst wenig gefragt. Darunter hatte Anton Richter bitter zu leiden. Leicht niedergeschlagen erzählte er von den kleinen Aufträgen, die er erhielt – wie Schaufensterbeschriftungen, Anfertigungen von Werbeschriften, Tischkartenbemalungen u. a.

In jener Zeit, als alles Bisherige in Frage gestellt wurde, die Menschen nach neuen Aspekten suchten, unter die sie ihre Lebensinhalte und Lebensformen stellen konnten, blieb sein liebstes Thema die Landschaft mit ihren Menschen. In seiner altfränkischen, rauhherzigen Liebenswürdigkeit, in seiner schonungslosen grundehrlichen Sprechweise, setzte er sich mit Nachdruck für die Erhaltung der ländlichen, bäuerlichen Welt ein. In seinem Kunstschaffen bis zu seinem Tod, kommt das zum Ausdruck.

Fichtelgebirgslandschaft (Öl 1947)

Seine Landschaftsbilder

Seine ungezählten, vielfach von Laien als Idylle falsch eingeordneten Landschaftsbilder, stellen heute Anklagen dar, erheben in unserer Zeit mehr und mehr den Anspruch kritischen Denkens gegenüber den Eingriffen des modernen Menschen in seine Landschaft, den Verformungen und Zerstörungen bodenständig gewachsener Gebäude und Dörfer.
Beim Anblick des Abrisses eines „unmodern" gewordenen Bauernhauses – es war ein Jahr vor seinem Tod – sprach er, halb traurig, halb zornig: „Erst waren sie (die Menschen) arm und brav wie Schafe, jetzt haben sie Geld und kommen außer Rand und Band."
Aus vielen seiner Bilder und besonders aus seinen Skizzen ist zu erkennen, daß aus Nebensächlichem und Beiläufigem Hauptsachen und aus Hinterhöfen, Steinbrüchen, schiefen Scheunen, Felskellern landschaftsbestimmende Elemente werden. Mit seinen Werken stellt er uns die Frage: Wohin soll euer Fortschrittsfanatismus führen?

Im oberen Saaletal (Kohle 1956)

Am Epprechtstein (Pastelltempera 1956)

Teich (Aquarell 1938)

Seine Dorfbilder

Besonders mit dem Dorf und seinen Bewohnern fühlte er sich eng verbunden, mit der ländlichen Siedlung, mit den mehr oder minder nahe beieinanderliegenden Gehöften und den dazu gehörenden Äckern und Wiesen. Sehr aufmerksam beobachtete er die Realitäten, die das Bild des Dorfes zu seinen Lebzeiten vielfach noch bestimmten: den Dorfplatz mit dem Dorfanger, den Dorfbrunnen, den Dorfteich. Er ging gerne in die Häuser, wo die Dorfhandwerker wirkten, kehrte gerne auch mit Freunden im Dorfwirtshaus ein.
Im Gespräch, bei einem Glas Bier, fand er Zeit für seine naturphilosophischen Betrachtungen. Das Leben der Bewohner im ländlichen Raum war für ihn nicht Idylle, wie so oft in Bauernromanen und Dorfgeschichten. Er war kein romantisierender Poet; das Landleben, das die bäuerlichen Menschen führten, war für ihn nicht Zusammenwirken, Zusammenarbeit gutartiger Charaktere in behaglich glücklichen Lebensverhältnissen, sondern war Dorfatmosphäre hart arbeitender Menschen, war strenger Alltag wie ihn Wind und Wetter fordern, war Herausforderung und Bewährung im Angewiesensein auf ökologische Gesetze, war ein Zusammenleben seiner Menschen mit allen Unannehmlichkeiten.
So malte er auch seine Dorfbilder: Gebäude, deren Bauwerk von Standhaftigkeit, von Dauer über Generationen zeugen, Scheunen und andere Wirtschaftsgebäude, die den Stürmen rauher Fichtelgebirgswinter widerstehen.
Er malte seine Bauernmenschen, die in ihrer Arbeitshaltung die intensive Behandlung und Erhaltung ihres kargen Heimatbodens erkennen lassen und mit ihren Tieren unter einem Dach wohnen. Er will nicht dörfliche Elemente glorifizieren und mystifizieren – er will das Land nüchtern zeigen und seine Menschen so auf das Bild bringen, wie sie wohnen, leben und schaffen. Bittere und harte Worte gebrauchte er, wenn er das systematische Vordringen der

Nach der Feldarbeit (Kohle 1949)

Technisierung ins Dorf wertete, wenn er industrielle Profitjäger „unter Beschuß" nahm, die „ja nicht anders handeln, als die einstigen Grundherren".

Anton Richter war im bäuerlichen Leben verwurzelt. Er konnte mit der Sense umgehen, ein Fuder Heu laden, konnte die Kühe einschirren und mit dem Wagen aufs Feld fahren, beherrschte das Kartoffelsäcke-Laden... Begegnete ihm auf seinem Malertouren ein Bauer bei der Arbeit, blieb er stehen, fand ein „bäuerliches" Wort und hätte sich am liebsten wieder eingeschirrt in den Rhythmus bäuerlicher Arbeit. Bitterböse konnte er werden, wenn jemand vom „Bauerntölpel" zu sprechen wagte. Aus der Geschichte wußte er zuviel vom Elend der Bauern.

Förbau an der Saale (Öl 1955)

Oppenroth (Kohle 1951)

Götzmannsgrün (Kohle 1950)

Der Haag (Pastelltempera 1961)

Bauernhof im Fichtelgebirge (Pastelltempera 1954)

Vor dem Ausritt (Kohle 1958)

Stobersreuth (Kohle 1952)

Gehöft im Fichtelgebirge (Pastelltempera 1954)

Bäuerin mit Kühen (Pastelltempera 1945)

Anton Richter in der Natur

Die ungewöhnlich feine Beobachtungsgabe von Anton Richter wurde mir bei gemeinsamen Gängen durch die Natur deutlich.
Wie aus einer dunklen Kraft getrieben, streifte er mit seinen Zeichengeräten durch die Landschaft seiner Heimat, blieb stehen zum Schauen und Horchen, sprang über Gräben und Bäche, hetzte über Wiesen und Felder hin zu Objekten, die er näher fassen wollte. Er konnte sehr lange verweilen, bis er dann schnell zu seinem Block und Stift griff und in kaum zu glaubender Zeit Skizzen auf das Papier warf. Da war ich voll beschäftigt mit dem Kohlestift-Spitzen und er hatte keine Zeit, ein Wort zu sagen.
Besonders an sonnigen Vorfrühlingstagen fühlte er sich auf seinen Streifzügen, Erkundigungs- und Beobachtungsgängen ungewöhnlich wohl. Menschen, die lang Winter erleben müssen, haben immer ein besonderes Verhältnis zur erwachenden Natur. Anton Richter war in dieser Zeit wie entfesselt. Seine Freude über das Schwinden der Schneereste, über den leuchtenden Sumpfdotterblumenbach, über die lichtkräftige Vorfrühlingssonne ließ ihn Purzelbäume schlagen, ihn jubelnd in die Höhe springen.
So entstand eine große Zahl herrlicher Bilder mit Landschaften aus der Vorfrühlingszeit.

Birken im Hohlweg (Kohle 1960)

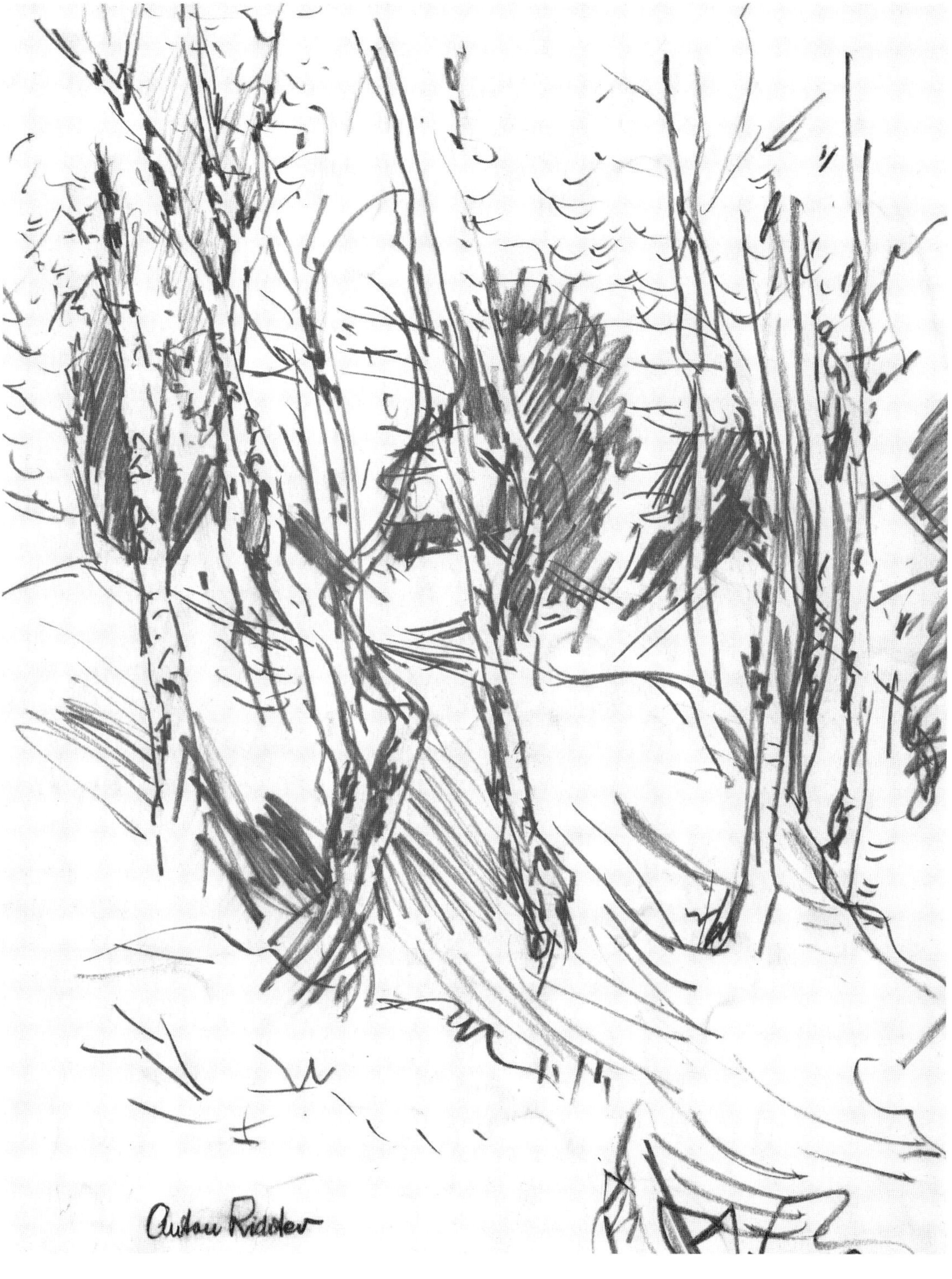
Anton Ridder

Winter im Fichtelgebirge (Pastelltempera 1961)

Brücke in Seulbitz (Pastelitempera 1958)

Anton Richter bei Schulkindern

Von einer Begegnung mit Anton Richter im Fattigauer Schulhaus habe ich wiederholt erzählt: Während der Unterrichtspause kam er mit seinem klapprigen Fahrrad an. Er strahlte über das ganze Gesicht, begrüßte mich lautstark mit den Worten: „Heute kann man doch nicht im Zimmer bleiben. Schick deine Gunga (Kinder) heim; wir machen Skizzen!" Für Beamten- und Lehrerpflichten hatte er ganz und gar kein Verständnis.
Trotzdem entpuppte er sich an diesem Vormittag als Pädagogisches Naturtalent. Das kam so: Nach der Pause bat ich ihn ins Klassenzimmer. Ich beabsichtigte, meinen Dorfkindern einen Künstler vorzustellen. Bald war er mit den Schülern im Gespräch und sie baten ihn, etwas zu malen. Dabei kam es zu folgendem Dialog.
Schüler: „Malen sie uns doch etwas an die Tafel!"
Richter: „Was soll ich denn malen?"
Monika: „Einen Baum!"
(Ich erwartete, daß sie sich ein Tier wünschten. Richter hat eine große Anzahl herrlicher Tierstudien, Skizzen und Bilder geschaffen. Über alles liebte er die Pferde.)
Richter: „Einen Baum malen – das kann ich nicht. Ich kenne die Birke, die Linde, den Ahorn am Weg oder im Garten oder auf dem Feld, wo der Bauer Schatten findet und sich darunter ausruhen kann – einen Baum kenne ich nicht. Ich mache euch einen Vorschlag. Vor meinem Fenster daheim steht ein alter Birnbaum (er steht noch heute); den male ich euch!" Nun flog die Hand mit der Kreide über die Tafel; der Baum mit seinem Standort hinter dem Backofen im Richter'schen Garten an der Saale in Schwarzenbach wurde zum „typischen Richter".
Monika: „Sie haben die Blätter vergessen."
Richter: „So habe ich ihn heute früh gesehen."
Es war an einem Vorfrühlingstag.

Studien um den Kater ,,Bobbl" (Kohle)

Drei Pferde, sein letztes Bild (Pastelltempera 1962)

Freskenentwurf 1958

Heimtrieb (Kohle 1949)

Bäume am Hohlweg bei Fletschenreuth (Kohle 1951)

In seiner „Bude" in der Färberstraße

Unvergessen bleiben die Begegnungen mit Anton Richter in der Färberstraße.
In dem idyllisch anmutenden, verträumten Fachwerkhaus an der Saale, versteckt hinter den ehemaligen Zweckbauten der Färberei seiner Vorfahren, wirkte und wirkt noch heute seine Lebensgefährtin, Frau Hilde Richter. In den engen Räumen mit den niederen Balkendecken versteht sie noch immer jene Gastfreundschaft zu bieten, an die sich alle seine Freunde so gern erinnern. Stets besorgt um ein ungestörtes Arbeiten ihres Mannes, stets aufmerksam zu den Gästen, wurde der Arbeitsraum Richters, die „Bude", durch ihr kluges, umsichtiges Handeln zu einem Treffpunkt geistiger Geselligkeit, einem Ort der Aufmunterung und des gegenseitigen Gebens und Nehmens.

Die Malergruppe um Anton Richter (1945–1948)

In Schwarzenbach gab es nach dem Kriege einen Freundeskreis, eine Malergruppe. In der „Bude", bei Anton traf man sich. Zu ihr gehörte Werner Gilles; er stellte dort aus seinem Schaffen Bilder vor, „die in leuchtenden Farben Mythisches und Unbewußtes in visionäre Symbolsprache mit abstrakten und surrealistischen Elementen" beinhalten. (Brockhaus 1972, 7. Bd., S. 334)
Dort fand sich der Maler Ernst Schumacher ein; er schuf (nach Brockhaus 1972, 17. Bd., S. 69) „aus Störungen der Komposition und Verletzungen der Farbmaterie eine romantisch düstere Form der informellen Künste".
Dabei war auch der noch heute in Schwarzenbach lebende Arthur Seedorf: auch er hat mit seinen Farbkompositionen einen besonderen Verehrerkreis gefunden.

Zu Gesprächs- und Diskussionsrunden fand sich der ehemalige Schwarzenbacher und heute in Hof wohnende Grafiker und Maler Karl Bedal ein; er legte damals schon – wie Anton Richter – auf das Festhalten an eltehrwürdigen Bauelementen großen Wert.
Fast nie fehlte in diesem Kreis Richters Freund Bruno Goller, ein alteingesessener Schwarzenbacher, der bis heute dem Zauber dieses Ortes nicht entgehen kann und dem Hause Richter ein treuer Freund geblieben ist.
Zu dieser Zeit, da neue Bewegungen und Tendenzen die Vorkriegsmalerei, die Malerei während des Krieges verdrängten und die Malerparteien oft heftige Fehden miteinander austrugen, floh Anton Richter lieber aus der „verbildeten, überbildeten, vertrackten Welt", wie er sagte, und war glücklich, wenn er allein in seiner Färberstraße, in seiner überschaubaren Welt wirken konnte.
Gilles, Schumacher und die anderen Malerfreunde, die in die „Bude" kamen, haben ihn hoch eingeschätzt; er schätzte sie auch, doch verwandt hat er sich ihnen nicht gefühlt. Er suchte und fand seine eigenen Wege und blieb das, was er war: Ein ungewöhnlicher, merkwürdiger, wundervoller Mensch und Maler. Dozierenden, in sich selbst verliebten Menschen ging er aus dem Wege, „Kulturpäpste" mochte er nicht leiden. Er liebte den einfachen Menschen. Gespräche, die sich in kleinlichen Formen und Schönheitsspielereien verloren, bog er ab. Was ihn von anderen Malerkollegen unterschied, sprach er offen in unmißverständlichen kurzen Bemerkungen aus, er konnte ebenso offen von seinem Standpunkt aus würdigen, anerkennen und sich freuen, wenn „moderne Wege" seinen ästhetischen Vorstellungen entsprachen. Staunen und Bewunderung, Kopfschütteln und Abneigung lagen bei ihm eng beisammen. Mißstimmungen liebte er nicht. Wunderliche Theorien reizten ihn. Kalte Teilnahmslosigkeit der Kunst gegenüber, vor allem bei begüterten Bürgern, ärgerte ihn. Richter und sein Werk wurden nicht in Fachliteratur, Fernsehen und Rundfunk bekanntgemacht und gewürdigt – doch seine Freunde und Verehrer und alle die, die seine Bilder und Oberfranken kennen, wissen um seine Größe.

In der Färberstraße, mit Richterhaus und -scheune (Kohle 1947)

Von seinem Schaffen in der „Bude"

Das immer gastfreundliche Maleratelier in der Färberstraße zog nicht nur Malerkollegen an. Seine Freunde, den verschiedensten Berufen angehörend, fühlten sich in dem Wohn- und Arbeitsraum von Anton Richter – in der Stube mit dem Kachelofen, mit dem wuchtigen Bauernschrank, mit den mit Zeichnungen und Bildern vollgeladenen Regalen, mit dem mit Malerutensilien vollgestellten Tisch – wie zu Hause.

Malergespräch in der ,,Bude" (Pastelltempera 1956)

Ich besuchte ihn an einem späten Nachmittag: An der alten Holzscheune vorbei, über die holprigen Kopfsteine im Hof, durch die immer offenstehende Tür im Halbdunkel die knarzende Holztreppe hinauf, war ich bald in der warmen Malerstube. Ohne sich um mich zu kümmern, arbeitete Richter wie besessen an einem Bild. Sein Schaffen glich einem Sich-Verströmen in Form und Idee. Auf dem halbfertigen Bild unverkennbar einige Höhen des Fichtelgebirges im Hintergrund – im Vordergrund Frauen beim Kartoffelgraben. Nach einer geraumen Zeit – wir hatten noch kein Wort gesprochen – legte er den Stift weg, setzte sich zu mir und sagte so vor sich hin: „Ja, die wissen noch, wie schwer das Ärpfelgraben ist und auch wie gut die Ärpfel schmecken. Wenn nur noch Maschinen auf den Feldern dahinfahren und man sich nicht mehr bücken braucht, ist es auf dem Feld nicht mehr schön."
Vom breiten Regal holte er ein Bild, legte es auf die Staffelei und erwartete meine Kritik. Mit großem Ernst nahm er Werturteile hin, auch von Laien und es geschah in meiner Gegenwart oft, daß er plötzlich aufsprang, nach Pinsel oder Kreide griff und an Bildern Änderungen oder Verbesserungen anbrachte.

Bilder aus Albanien

Er brachte einen Stoß Bilder, die er während seiner Kriegsdienstzeit in Albanien angefertigt hatte. Bilder voll leuchtender Farbe und Licht! Und er begann von Albanien zu schwärmen, von Landschaft, von Sonne und brütender Hitze, und von einer Bevölkerung, die „mit dem Herzen feiern kann", Menschen voller Lebensfreude.

Auf dem Weg zum Markt (Kohle 1943)

Albanier (Skizze 1943)

Albanisches Dorf (Pastelltempera 1943)

Albanisches Straßenleben (Pastelltempera 1954)

In Albanien (Kohle 1943)

Albanische Frauen (Kohle 1943)

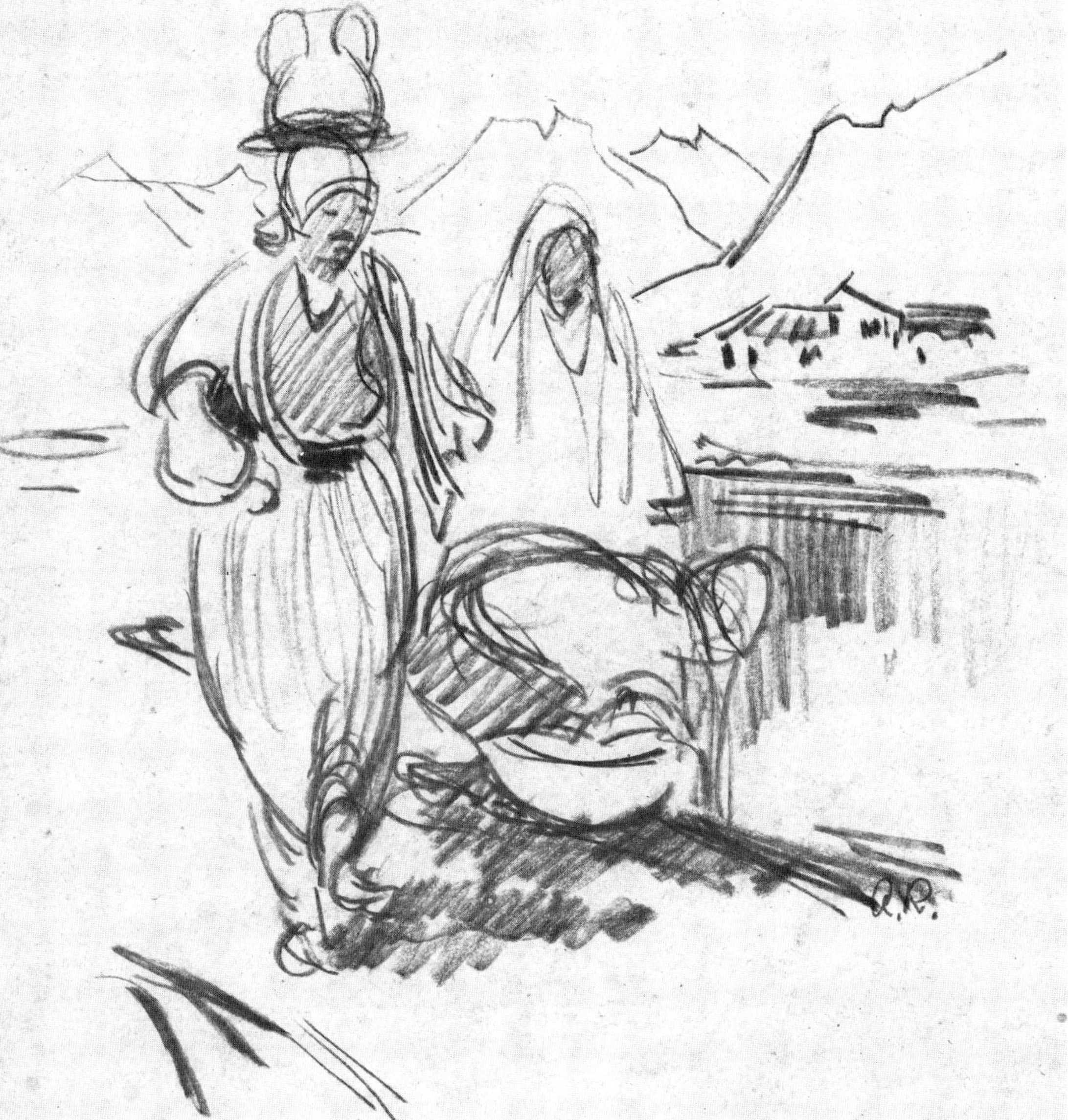

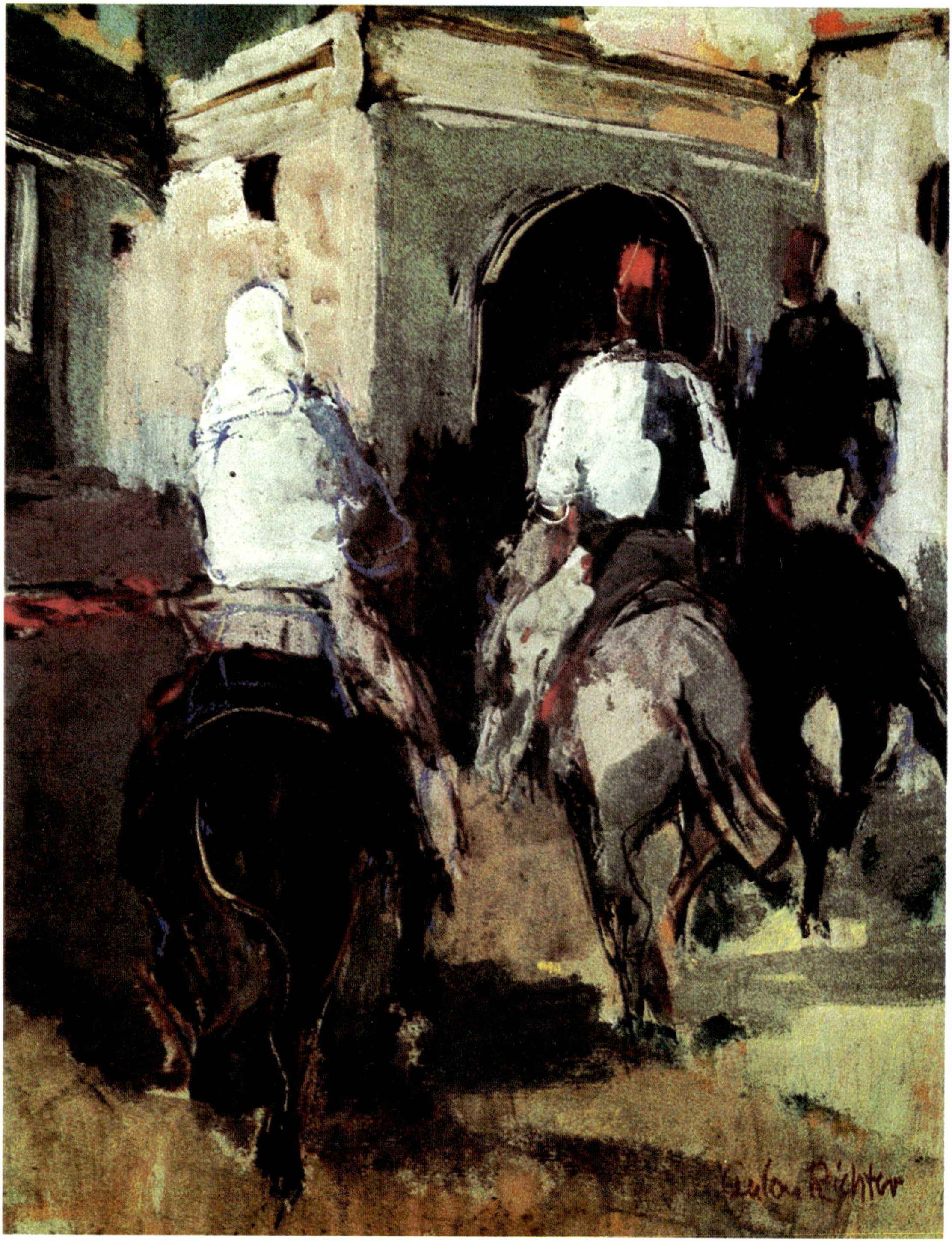
Richter

Albanische Reiter (Pastelltempera 1954)

Bilder vom Meer

Anton Richter hatte leider nicht das Geld für große Studienreisen. Er mußte seine Motive vorwiegend in seiner Heimatstadt, in deren Umgebung, im nahen Fichtelgebirge und Frankenwald suchen. Zu Fuß oder mit Hilfe seines Fahrrades eroberte er sich seine Heimat. Ein Sammler und Verehrer finanzierte im Sommer 1957 eine Reise an das Meer. Die Eindrücke dort ließen ihm keine Zeit, sich an den Strand zu legen. Seine Leidenschaft und ungebändigte Schaffenskraft, seine Faszination über bewegtes Meer und sturmbewährte Fischerboote sprechen aus der Vielzahl der Skizzen und Bilder, die er während seines 14tägigen Aufenthalts schuf.

Vor dem Gewitter (Kohle 1957)

Kutter im Hafen (Kohle 1957)

Fischerhafen im Mondschein (Pastelltempera 1958)

Kutter (Pastelltempera 1958)

Feierabend in der „Bude"

Gemütlich wurde es in der „Bude", wenn sich zum Feierabend seine Schwester Anna, und sein Bruder „Lui" einfanden. Ohne großes Händeschütteln und Aufhebens suchten sie sich Platz und nahmen teil an den Gesprächen. Anton trat dabei zurück; er forderte die anderen auf: Nur nicht so viel zählen und aufzählen, sondern mehr erzählen müßt ihr.
Seine Schwester Anna war immer voller Geist und Weisheit. Sie sagte gerne an passender Stelle einen Dichtervers auf, zitierte mit Stolz Jean Paul und konnte – und sie kann es heute noch in erstaunlicher Frische – in plastischer anschaulicher Sprache von Begebenheiten früherer Jahre, besonders vom Leben und von Vorkommnissen in der Färberstraße berichten: Vom Treffpunkt der Jugend aus der Färberstraße beim philosophierenden „Wagners Helm" in seinem „Palast", beim Flaschner Groß, der die Kinder bei seinen kunstvollen Kupferarbeiten am Schmiedefeuer in den Bann zog und von der „Meiers Regina", die spielende Kinder um ihr „goldings Heisla", absolut nicht mochte und mit Annas Bruder besondere Auseinandersetzungen hatte.
Solche Berichte seiner Schwester regten den sonst schweigsamen Bruder Lui zum Erzählen an: „Das war schön im Hofe der Angermühle, hinter unserem Hause, zu spielen" – und alle stimmen zu; „und beim Brennig-Holen*) hinten in der Hefefabrik; das roch immer so gut von den Bauernwagen; und am Feuerwehrhaus traf sich die ganze „Bande", wenn der Gendarm Leupold einen Inhaftierten abführte; und wenn auf der Hellersinsel hinter unserer Scheune die Lohkuchen mit den Füßen gestampft wurden und wenn wir am Lohgerüst in der Saale herumturnten! Und könnt ihr euch noch an die Bruckkunnl erinnern? Das war

---

*) Brennig = ein Abfallprodukt bei der Hefegewinnung in der nahen Hefefabrik Giegold, das manche Bauern als Futterbeigabe für ihr Vieh verwenden.

schon eine festliche und aufregende Angelegenheit für uns, wenn wir bei ihr, an ihrer Bude für einen „Zweener" Bonbon kaufen konnten!" – Geschichten, Geschichten, Geschichten aus Alt-Schwarzenbach. In der Färberstraße, im Richterhaus, werden sie noch heute erzählt. Doch die einstige Kinderromantik findet man auch in dieser Straße nicht mehr: die Wagnerei, in der der einstige Freund der zahlreichen Kinderschar aus der Färberstraße wirkte, ist schon lange nicht mehr; die Wagnerei mußte geschlossen werden; kein Bauer bestellt heute mehr einen Wagen, wie ihn Helm einst bauen konnte. Auch das für die Kinder faszinierende Schmiedefeuer beim Flaschner Groß ist ausgegangen; sein Haus mit der früheren Werkstatt ist abgetragen. Die Meiers Regina ruht schon lange im Schwarzenbacher Friedhof; ihr Häuschen wurde abgerissen; ein Lager für eine Großverkaufsstelle steht heute an diesem Platz. Das Mühlenrad in der Angermühle läuft nicht mehr; mit dem großen Mühlensterben in den 60er Jahren hat es aufgehört sich zu drehen. Das Lohgerüst für die Heller-Gerberei ist zerfallen; man braucht keine Lohe und Lohkuchen als Heizmaterial für den Winter mehr.

Das für die Kinder unheimliche Brauhaus mit seinen großen Fässern ist heute Feuerwehrhaus. Die Bruck-Kunnl ist schon lange tot; ihr Verkaufsstand an der Bruck ist nur noch in der Erinnerung älterer Einwohner von Schwarzenbach. –

Frau Hilde Richter bewohnt das Haus noch heute und verwaltet, zeigt und bewahrt den Nachlaß ihres Mannes. Für den Sammler und Kunstfreund lohnt sich ein Besuch.

Blick von der „Bude" in die winterliche Färberstraße
(Pastell 1939)

Anton Richter und seine Heimatstadt

Der in Schwarzenbach geborene, lebende und schaffende Schriftsteller Theodor Schübel, ein Freund des Malers, schrieb zum Tode Anton Richters im März 1962 folgenden, im Schwarzenbacher Amtsblatt veröffentlichten Nachruf:
„Unsere Stadt ist ärmer geworden. Am 24. März verstarb der Kunstmaler Anton Richter. Es war ein heller Tag; die Sonne löste eben den letzten Schnee von den Grabhügeln. Dieser Mann war ein Stück von Schwarzenbach. Er gehörte zu dieser Stadt, wie diese zu ihm gehörte. Er wurde in ihr geboren und liegt nun in ihr begraben, und in der Zeit, die ihm Gott auf dieser Erde gegeben hat, stand er klein und gedrungen, ruhig und heiter in ihr, in ihrem Boden verwurzelt wie ein Bauer. Er brachte in den grauen Alltag der Industriestadt einen lichten, originellen und liebenswerten Ton. Er schien nicht zu altern; es war etwas Zeitloses um ihn. Wir werden ihn sehr vermissen.
Kein Maler hat unsere Heimat, die Stadt, das Saaletal und das Fichtelgebirge, wie er gesehen und gemalt, und er lehrte uns, die Landschaft, die wir zu kennen glaubten, mit seinen Augen zu sehen.
Anton Richter stammte aus einer Familie, die der Welt den großen Jean Paul Friedrich Richter geschenkt hat, und es läßt sich nicht leugnen, daß der Verstorbene eine Gestalt war, die den Gestalten des Dichters sehr verwandt ist. Diese Verwandtschaft beginnt beim Datum seiner Geburt, das Jean Paul nicht launiger und skurriler hätte erfinden können: Richter wurde am Abend des 31. Dezember 1900, also in den letzten Stunden des vergangenen Jahrhunderts, geboren. Er wollte nichts anderes als ein guter Maler werden, – und er wurde es. Er residierte in dem alten Fachwerkhaus an der Saale, dessen Tür jedem jederzeit offen stand, wo eine steile Treppe empor zum Atelier führt, in dem jetzt nicht mehr sein neuestes Bild, in dem jetzt leider sein Nachlaß steht.

Wir leben in einer Welt, die das Ansehen und die Geltung in der Gesellschaft vorzüglich von materiellen Gesichtspunkten ableitet. Aus dem Haben wächst das Sein. Mit diesem primitiven Maßstab ist freilich keinem Künstler beizukommen, – zuletzt einer Jean Paul'schen Figur wie unserem Anton Richter, einer fast barocken Gestalt voller Kraft und Humor, voller Spott und Liebe, unverwechselbar und unvergeßlich.

In den Zeiten des Mißerfolges war er ohne Neid, in den Zeiten des Erfolges war er ohne Stolz. Auch in den schlimmsten Jahren war um ihn ein Schimmer von Glück. Er ließ sich stets, auch hier dem Jean Paul folgend, von seinem Herzen regieren; er war ein guter Mensch.

Ich bin stolz darauf, daß er mein Freund war. Als die Nachricht seines Todes unsere Stadt überfiel, erst lief das Gerücht und dann folgte die traurige Bestätigung, da habe ich keinen gesehen, der nicht betroffen war, und ich habe keinen getroffen, der sich seiner Tränen geschämt hätte.

In der organisierten und verwalteten Welt geht der Spruch: Jeder ist zu ersetzen. Das ist nicht wahr. An diesem Grab müssen wir gestehen: Richter ist nicht zu ersetzen. Er wird uns fehlen. Sein Tod hat uns ärmer gemacht.

Die Familie Richter hat ihre Mitte verloren; jeder der mit ihm befreundet sein durfte, verlor einen großen Freund; unsere Heimat verlor ihren Maler. Und der Stadt Schwarzenbach steht es an, um einen ihrer bedeutendsten Söhne zu trauern."

Am alten Rathaus (Kohle 1950)

Steg zur Hellerinsel (Kohle 1949)

An der Saale beim Bruckschmied (Pastell 1948)
Dieses Bild entstand im Zusammenwirken mit Ernst Schumacher.

Am Steg (Kohle 1952)

In der Altstadt (Kohle 1951)

St. Gumbertuskirche (Pastelltempera 1956)

Am Würschum (Kohle 1953)

In der Bahnhofstraße (Kohle 1950)

Biographische Übersicht mit Anmerkungen
Dr. Bruno Goller:

Geb. 31. 12. 1900 in Schwarzenbach/Saale
Gest. 24. 3. 1962 in Schwarzenbach/Saale
Entstammte einer alteingesessenen Schwarzenbacher Familie, aus der auch Jean Paul hervorging.
Lehrjahre als Konditor. 1920 bis 1933 in der elterlichen Färberei tätig.
Zunächst Autodidakt. Weiterbildung 1920 bis 1923 in einem Fernkursus für Malen und Zeichnen.
1938 ermöglicht ein Stipendium der Albrecht-Dürer-Stiftung den Besuch der Akademie der Bildenden Künste in München. 1939 bis 1941 Studium bei Prof. Schinnerer.
1942 Einberufung zur Wehrmacht. Bis 1945 als Sanitätssoldat in Albanien.
Nach der Heimkehr seit 1946 freischaffender Künstler in Schwarzenbach/Saale.
Mitglied des Fränkischen Künstlerbundes, der Freien Gruppe Bayreuth und der Neuen Münchner Künstlergenossenschaft.
Zahlreiche Ausstellungen und Sonderausstellungen im fränkischen Raum, seit 1949 regelmäßige und erfolgreiche Teilnahme an der jährlichen Großen Deutschen Kunstausstellung im Haus der Kunst in München.
Ankäufe von Werken durch den Bayerischen Staat, die Bay. Staatsgemäldesammlung, verschiedene Staatsministerien, die Regierung von Oberfranken, eine Reihe von Städten, sowie durch verschiedene westdeutsche Privatgalerien.
Seit 1957 größere Freskoaufträge für Industrie, Banken, Schulen und andere öffentliche Bauten. 1961 Entwurf und Gestaltung einer großen Wand auf der Herzoghöhe in Bayreuth.
1958 Albrecht-Dürer-Preis der Stadt Nürnberg.
1958 Verleihung der Jean-Paul-Medaille für besondere Leistungen auf künstlerischem Gebiet.

Diese kurze biographische Übersicht bedarf zur Ergänzung noch einiger Anmerkungen über die Besonderheit von Stil und Technik des Malers Anton Richter.
Wenn wir feststellen, daß gerade bei diesem Künstler Persönlichkeit und Werk eine unauflösliche, geschlossene Einheit bilden, so wäre zu folgern, daß einschneidende äußere Daten auch innere Daten, Stationen der Persönlichkeitsentfaltung signalisieren, die ihrerseits sich in der Entwicklung des schöpferischen Werkes widerspiegeln.
Solche Zäsuren gibt es in der Tat und sie fallen bei Anton Richter fast genau mit den Dezennien seines Lebensalters zusammen. Freilich sind sie nicht bloße Schnittpunkte eines linearen Prozesses. Entwicklung und Reife vollziehen sich vielmehr im Auf und Ab des Wechselspiels äußerer und innerer Ereignisse, in der Auseinandersetzung mit der Welt und dem Wollen des eigenen Ichs. Da gibt es Ideen, Pläne und schöpferische Einfälle, die glücken, die Selbstbestätigung und Hoffnungen bringen. Es gibt Fremdbestätigung des eigenen Weges durch öffentliche Anerkennung, durch Ankäufe und Aufträge, die Ansporn und Aufschwung bedeuten. Neben diesen sichtbaren Zeichen des ansteigenden Erfolges stehen, weniger sichtbar, auch Phasen der Enttäuschung, der Selbstkritik und des Zweifels, auch wenn sie durch ein glückliches Naturell schnell überwunden werden.
Die wichtigste Konstante dieses Künstlerlebens aber war und blieb eine unermüdliche, fast besessene Arbeitskraft, getrieben von einem unbändigen schöpferischen Willen, der die innere Berufung verrät. Er fühlt sich, wie er (in seinen Briefen) schreibt nur glücklich, wenn er auf „höchsten Touren" schaffen kann.
Leider pflegte Anton Richter seine Bilder in den wenigsten Fällen mit der Jahreszahl ihrer Entstehung zu signieren. Aus persönlicher Kenntnis der Entwicklung Anton Richters ist es dennoch möglich, sie zeitlich einzuordnen. Unsicherheiten ergeben sich zuweilen dort, wo er alte, abgelegte Pastelle hervorholte und neu übermalte. Die Retrospektive dürfte aber deutlich machen, daß sich die einzelnen Schaffensperioden klar unterscheiden. Es wird sichtbar,

daß jeweils am Vorausgegangenen angesetzt wird, dieses aber nicht nur ausgeweitet, sondern auch gleichzeitig zu neuen Strukturen umgewandelt wird, die in Form und Farbe neue Qualitäten aufweisen, wobei sich der neue Stil oft sprunghaft und explosiv durchsetzt.

Kunstkritiker haben das verständliche Bedürfnis, den Stil eines Malers in herkömmliche, geschichtliche Kategorien einzuordnen. So wird in den Presseberichten über die Ausstellungen Anton Richters mehrfach von einem Spätimpressionisten gesprochen und einer der Kritiker sinniert vor den Bildern, „daß die Möglichkeiten des Impressionismus offenbar noch nicht erschöpft sind". In einem der Nachrufe heißt es, daß Anton Richters oberfränkische Landschaften seine Herkunft von den späten Impressionisten erkennen lasse und diese in der kraftvollen Eigenart ihre Aussage den Vergleich mit Vlaminick nahelegen.

Sicherlich ist die von den Fauves demonstrierte Unterordnung der Form unter die Ausdruckskraft der Farben eine Parallele, aber es kann mit Sicherheit gesagt werden, daß er selbst sich zu keiner Zeit einer bestimmten Stilrichtung verpflichtet fühlte und auch nicht bereit war, einer solchen irgendwelche Konzessioen zu machen. Er wollte seinen eigenen Weg gehen, seinen persönlichen, ihm gemäßen Stil zu größtmöglicher Vollkommenheit führen und dieses Ziel erreichte er auch und setzte sich damit durch.

An den Impressionismus erinnern am ehesten noch die in lichten, tonigen Farben gehaltenen frühen Pastelle der 30er Jahre, mit Motiven aus Schwarzenbach und der näheren Umgebung, mit Frauen auf dem Felde oder Bauern beim Pflügen, Säen und Ernten.

In der zweiten Periode, die in die Nachkriegszeit fällt, wird der Strich knapper und kräftiger, die Farbgebung löst sich zunehmend von Lokaltönen, wird flächiger und kultivierter. In der dritten Periode in den 50er Jahren schließlich geht Anton Richter zur geschlossenen Farbkomposition über, bei der die Form mehr und mehr in den Hintergrund tritt und oft nur noch durch flüchtige Konturen angedeutet wird.

Pastellfarben sind von hoher Leuchtkraft und verändern sich bei

Verwendung lichtechter Pigmente über Jahrhunderte nicht. Ihr Nachteil ist die geringe Wischfestigkeit. Anton Richter verarbeitete sie deshalb mit wasserlöslichen Bindemitteln oder mit Temperafarben zu einer spezifischen Pastell-Temperatechnik, einer Mischtechnik, deren Grundlagen und Mittel er experimentell unermüdlich verbesserte. Er beherrschte zwar auch die Techniken der Aquarell- und der Ölmalerei, jedoch gehört seine besondere Liebe der von ihm entwickelten Mischtechnik, die seinem Temperament am besten entsprach. Daneben pflegte er vor allem in den 30er Jahren den Linolschnitt.

Besondere Beachtung verdienen neben den souverän und kraftvoll komponierten Wandentwürfen seine Kohlestiftzeichnungen, die in ihrer geballten Dynamik und ihrer lockeren, gekonnten Strichführung so meisterhaft sind, daß man in der Kunstgeschichte weit zurückgehen muß, um Vergleichbares zu finden. Viele dieser unmittelbar vor der Natur entstandenen Skizzen und Graphiken waren als Studien für Bildvorwürfe gedacht, erreichen aber seit den 50er Jahren in großformatigen Blättern eine Vollendung, die sie zu Kunstwerken von eigenem Rang erhebt.

Anton Richter, immer mit Stift und Skizzenblock unterwegs, nimmt seine Motive dort, wo er sich gerade befindet, in Albanien während seines Frontdienstes, in Schleswig-Holstein während seiner Kriegsgefangenschaft, bei Kuraufenthalten in Berchtesgaden, auf Reisen in Frankreich, beim Besuch von Reitschulen, Zirkusvorstellungen oder Faschingsveranstaltungen und auf ausgedehnten Radtouren quer durchs heimatliche Fichtelgebirge. Sie bilden die reiche, schier unerschöpfliche Grundlage für spätere farbige Ausführungen, von denen manche, wie das albanische Thema, die Pferde am Wasser oder die Schiffs- und Küstenbilder, sich über Jahre hinziehen und fast eigene, selbständige Schaffensperioden markieren. Immer wieder kehrt er aber zu seinem Hauptvorwurf, der oberfränkischen Landschaft mit ihren Dörfern und Wäldern zurück und gilt heute zurecht als deren bedeutendster Interpret.

Diese Kunst ist keine Angelegenheit weniger Sachverständiger,

Galerien oder Museen, sondern spricht unterschiedslos alle Bevölkerungsschichten an. Auf Ausstellungen konnte man beobachten, wie sich die Besucher um die Bilder Anton Richters drängten. Fragt man nach den Gründen dieser heute selten gewordenen Breitenwirkung, obwohl diese Bilder alles anders als gefällig, glatt oder problemlos sind, so kann die Anziehungskraft neben der offensichtlichen Beherrschung der handwerklichen Mittel nur auf der spürbaren Ausstrahlung einer starken Persönlichkeit beruhen, auf der Eigentümlichkeit des Ausdrucks, die nach Goethe Anfang und Ende aller Kunst ist.

Inhalt

Anton Richter und seine Zeit	5
Der Maler Anton Richter	9
Begegnung mit Anton Richter	14
Seine Landschaftsbilder	18
Seine Dorfbilder	22
Anton Richter in der Natur	34
Anton Richter bei Schulkindern	38
In seiner „Bude" in der Färberstraße	44
Die Malergruppe um Anton Richter	44
Von seinem Schaffen in der „Bude"	47
Bilder aus Albanien	50
Bilder vom Meer	58
Feierabend in der Bude	62
Anton Richter und seine Heimatstadt	64
Biographische Übersicht	75